ХОЛСТ БИЗНЕС-МОДЕЛИ

Пусть ваш бизнес процветает благодаря этой простой модели

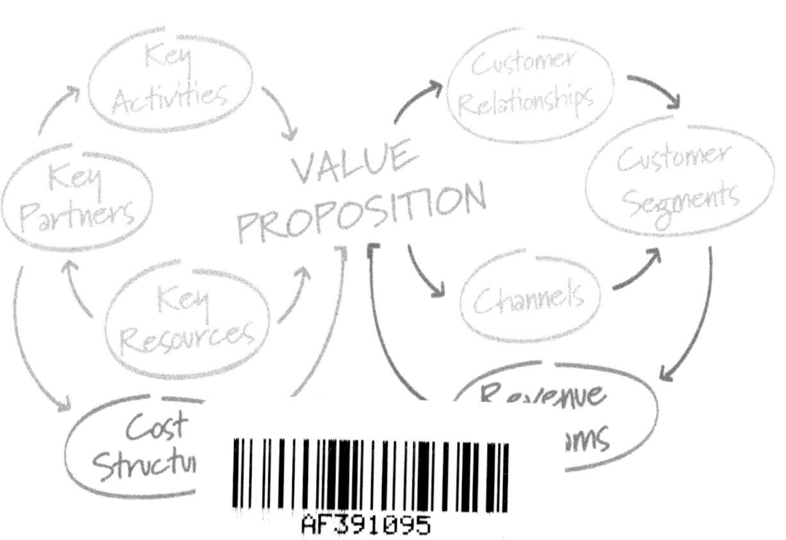

ХОЛСТ БИЗНЕС-МОДЕЛИ

Пусть ваш бизнес процветает благодаря этой простой модели

написанный Magali Marbaise
в переводе Nastia Abramov

50MINUTES.com

ХОЛСТ БИЗНЕС-МОДЕЛИ

КЛЮЧЕВАЯ ИНФОРМАЦИЯ

- **Название:** Холст бизнес-модели, ВМС.

- **Применение:** Холст бизнес-модели – это ценный стратегический инструмент, который используется для концептуализации новых бизнес-моделей или документирования существующих. Он помогает принимать решения о запуске продукта, стартапа или нового процесса, иллюстрируя ценность и основную деятельность компании.

- **Почему он успешен?** Простота и ясность визуального представления инструмента позволяют использовать его как в одиночку, так и в составе команды.

- **Ключевые слова:**

  - <u>Бизнес-модель</u>: Модель, с помощью которой компания создает стоимость. Благодаря стратегии развития основного бизнеса эта ценность должна проявляться в финансовых вознаграждениях для компаний, которые способны удовлетворить своих клиентов.

  - <u>Бизнес-план</u>: Прогноз, записанный в официальном документе, в котором излагается стратегия, основанная на анализе рынка и тщательно собранных и изученных данных.

- ○ <u>Холст</u>: Основной набросок, который объединяет коллекцию элементов в структурированном виде.

ВВЕДЕНИЕ

Амбициозные сотрудники, которые хотят подняться по карьерной лестнице в своей компании и воплотить в жизнь революционные, высокоценные идеи, а также предприниматели, которые хотят оживить свою компанию или увеличить долю рынка, выиграют от глубокого понимания того, как работает их бизнес, как он генерирует рост и какие рычаги роста являются наиболее полезными. Холст бизнес-модели – отличный способ развить это понимание.

Этот стратегический инструмент был разработан Александром Остервальдером (австрийский теоретик, родился в 1974 году) и Ивом Пинье (бельгийский компьютерщик и профессор Лозаннского университета, родился в 1954 году) в их книге-бестселлере *"Генерация бизнес-моделей"* (2010). Она используется в основном (хотя и не только) предпринимателями и призвана дать им возможность превратить свои идеи в инновационные и конкурентоспособные проекты. Для этого авторы призывают каждую компанию, использующую "Холст бизнес-модели", задуматься о ценности, которую она создает для своих клиентов и для себя. Эта модель особенно подходит для тех, кто работает в малом бизнесе или стартапах, где структура не является жестко иерархической: холст предлагает более системный подход, чем большинство традиционных моделей, формулируя различные составные части бизнеса.

ОПРЕДЕЛЕНИЕ МОДЕЛИ

По мнению создателей метода, эта структура позволяет организациям создавать, доставлять и захватывать ценность (Osterwalder and Pigneur, 2010).

Холст бизнес-модели является частью тенденции визуального и дизайнерского мышления. Это означает, что благодаря своему нелинейному процессу он позволяет создать визуальную систему, доступную, читаемую и понятную каждому. Этот холст – средство, которое предприниматели могут использовать для обдумывания и построения своей бизнес-модели на одной странице: они могут легко организовать свои идеи в ячейках шаблона, чтобы быстрее – и эффективнее – перейти к действиям. Тот факт, что он предлагает обзор строящихся моделей, способствует четкому определению приоритетов, созданию конкретных планов действий и творческому и адаптируемому подходу, что значительно упрощает дальнейшую разработку бизнес-плана. Этот инструмент также улучшает взаимодействие с клиентами и повышает эффективность коммуникации между сотрудниками.

ТЕОРИЯ

Все компании мечтают иметь в руках ключи к успеху, и чем они проще, тем лучше! Хотя эта система не учитывает чисто конкурентный аспект, она все равно очень интересна, практична и доступна для всех.

ДЕВЯТЬ ИНСТРУМЕНТОВ

Матрица состоит из девяти взаимосвязанных блоков, которые иллюстрируют все виды деятельности компании:

* основные мероприятия

* ключевые партнерства

* основные ресурсы

* клиентские сегменты

* каналы

* взаимоотношения с клиентами

* ценностное предложение

* структура затрат

* потоки доходов.

Четко дифференцированные и идентифицированные коробки аккуратно и точно располагаются на холсте. Такое расположение создает синергию между ними, что приводит к созданию уникальной стратегии для каждой компании, которая пробует это упражнение.

Создание стоимости

- **Ключевые виды деятельности.** Ключевые виды деятельности важны для компании, поскольку с их помощью создается ценностное предложение для клиентов, которое косвенно приносит доход. Эти виды деятельности различаются в зависимости от типа бизнес-модели. Например, в страховой компании ключевым видом деятельности является защита активов клиентов и выплата им компенсаций в случае убытков; больница будет отвечать за здоровье пациентов. Согласно Остервальдеру, виды деятельности можно разделить на три различные категории:

  - Те, которые непосредственно связаны с производством продукта;

  - Те, кто стремится разрабатывать решения (услуги) для удовлетворения потребностей клиентов;

  - Те, которые полностью или частично происходят в Интернете (сайты интернет-магазинов или банки).

- **Ключевые партнерские отношения.** Поговорка "две головы лучше, чем одна" универсальна и имеет особый резонанс в профессиональном мире, в наших компаниях. Наличие и поддержание хороших отношений с тщательно отобранными, конкурентоспособными и надежными партнерами укрепляет позицию, занимаемую организацией на своем рынке, усиливая бизнес-модель. Характер партнерства зависит от целей компании:

  - Заключение субподрядных договоров для достижения эффекта масштаба или переориентации деятельности;

- Слияния для снижения риска и неопределенности, связанных с конкурентной средой;

- Приобретение определенных ресурсов и видов деятельности, что позволяет передавать некоторые виды деятельности на аутсорсинг другим компаниям. Примером может служить страховая компания, которая использует внешнее оценочное бюро для выплаты страховых возмещений.

Существуют различные профили ключевых партнеров. Неважно, кто является партнером — компания или частное лицо, главное, что они оказывают поддержку, дают советы и т.д., которые будут способствовать развитию компании: банки, инвесторы, партнеры, поставщики или даже клиенты, но также и конкуренты.

- **Ключевые ресурсы.** Это активы компании, на которые она опирается и которые позволяют ей поддерживать свою экономическую деятельность или успешно осуществлять свою цепочку создания стоимости. Таким образом, существует определенная взаимозависимость между здоровьем компании — как финансовым, так и человеческим, интеллектуальным (патенты и т.д.) или материальным — и ресурсами, доступными для (повторного) запуска ценностного предложения. Следуя этой логике, малый и средний бизнес будет максимально использовать относительно небольшой размер своих команд (человеческих ресурсов), чтобы сосредоточиться на регулярных личных контактах с клиентами. И наоборот, IT-компания может предпочесть сосредоточиться на материальных ресурсах, таких как процессоры,

холодильники или склады, чтобы усилить свое ценностное предложение.

- **Сегменты клиентов.** Большинство компаний обязаны своим процветанием клиентам, которые являются движущей силой многих видов экономической деятельности. Поэтому важно хорошо их знать, определить их ожидания и предложить предложение, которое наилучшим образом отвечает их потребностям. Исходя из этого, организация определяет сегменты потребителей с одинаковыми или схожими потребностями и выбирает, на какие группы ориентироваться в первую очередь.

👁 ОПРЕДЕЛЕНИЕ И ВЫБОР СЕГМЕНТОВ

Существуют различные типы сегментов потребителей, такие как массовый рынок, нишевый рынок, диверсифицированный рынок и т.д. В зависимости от выбранного вида деятельности, своих финансовых возможностей и экономической ситуации компания будет ориентироваться на тот или иной сегмент. Например, высококлассный ресторан будет стремиться привлечь в основном состоятельных клиентов, в то время как брассери будет предлагать более доступное меню (если только он не хочет предложить что-то другое и нацелен на другую клиентуру; в этом случае он выберет другой подход, например, предложит более качественные вина и подчеркнет этот выбор в своих коммуникациях). Выбор сегмента может быть также основан на географическом положении: создание ресторана высокого класса кажется более уместным в одних местах, чем в других (в центре города или в сельской местности).

- **Каналы.**

  - Ценностные предложения доставляются клиентам по каналам. Реклама, социальные сети и т.д. являются важнейшими "интерфейсами" между компанией и ее клиентами.

- **Отношения с клиентами.** Оптимизация отношений с клиентами – излюбленная тема для любой компании. Развитие отношений с потребителями ценностных предложений стимулирует их лояльность, гарантируя тем самым в некотором роде устойчивость компании. Отношения выстраиваются в ходе повторяющихся контактов между клиентом и продуктом/услугой/предприятием, будь то потребление или опыт как таковой, или воздействие маркетинга вокруг предложения. Поэтому каждая компания должна установить конкретную политику, в соответствии с которой она определяет свои текущие и будущие отношения с клиентами. Эти отношения могут принимать различные формы, включая более персонализированный подход, самообслуживание и стандартизацию.

- **Ценностное предложение.** Ценностные предложения – это услуги или продукты, которые компания предлагает (продает) своим клиентам.

 # ЧТО ТАКОЕ ЦЕННОСТЬ?

Ценность – это то, что позволяет компании расширяться, привлекать и удерживать клиентов, ищущих дополнительные преимущества: соотношение цены и качества, бренд, качество обслуживания и эффективность. Поэтому для того, чтобы реализовать эту ценность, важно знать, какие потребности были удовлетворены – и, прежде всего, какие потребности не были удовлетворены – на рынке, и проанализировать, что предлагают конкуренты.

Финансовое равновесие

- **Структура затрат.** Многие части бизнес-модели несут и генерируют затраты (реклама – хороший пример).

- **Потоки доходов. В** этой графе будут содержаться ответы на следующие вопросы: Каковы источники доходов? Какую цену готовы платить клиенты и за какие продукты? Генерирование потоков доходов имеет решающее значение, поскольку от этого зависит выживание любого бизнеса. Наиболее распространенные предложения включают продажу товаров, право пользования (клиенты платят за использование продукта или услуги), подписку, аренду/кредиты и т.д. Помимо доходов от отношений B2C, нельзя пренебрегать доходами от партнерских отношений B2B, таких как реклама и спонсорство.

ПРАКТИЧЕСКОЕ ПРИМЕНЕНИЕ

СОВЕТЫ И ЛУЧШИЕ ПРАКТИКИ

Организация семинара BMC

Как уже упоминалось ранее, эта модель интерактивна: участники из компании садятся за стол, рисуют матрицу на большом листе бумаги, который они вешают на стену или ставят в центре стола, обсуждают, взаимодействуют и "приклеивают" свои идеи на модель. Метод Post-it®, предложенный Остервальдером, представляется очень эффективным в контексте такой групповой работы: идеи можно удалять, заменять и перемещать по ходу обсуждения и высказывания различных соображений. В ходе семинара холст бизнес-модели не остается "фиксированным", а скорее строится по одной заметке Post-it® за раз (Osterwalder and Pigneur, 2010), поскольку:

- Пользователи активно думают о том, что им следует поместить в каждую ячейку модели, задавая себе ряд вопросов. Например, для ценностного предложения было бы интересно подумать о том, какую ценность компания предоставляет клиенту, какую проблему она предлагает решить, на какие потребности она реагирует и т.д. Эти моменты следует рассмотреть как можно глубже.

- У каждого участника есть блокнот с липкими записями и ручка, что позволяет им делиться своими мыслями с коллегами и одновременно организовывать свои идеи. При таком подходе бизнес-модель разрабатывается путем мозгового штурма и записывания идей. Основная идея заключается в том, что простота стимулирует творчество. Целью также является вовлечение сотрудников на всех уровнях компании.

Наконец, компании должны помнить о необходимости регулярного тестирования своей модели. Выдвижение гипотез позволяет уточнять бизнес-модель по мере развития компании.

 РЕКОМЕНДАЦИИ ОТ АВТОРОВ

Для создания и внедрения новой бизнес-модели Остервальдер и Пиньер предлагают работать в пять этапов:

Мобилизация путем определения точных целей проекта, проверки первых идей, планирования проекта и создания команды опытных и увлеченных людей разного профиля;

Понимание с помощью маркетинговых исследований и перекрестного анализа;

Проектирование, которое включает в себя исследование, тестирование и отказ от предвзятых идей, которые успокаивают, но мешают людям видеть вещи по-другому;

Создание путем реализации бизнес-плана и финансового плана;

Управление путем тщательного ежедневного мониторинга ситуации с целью корректировки или даже возможного переосмысления бизнес-модели.

Краткие рекомендации

Когда руководитель рассматривает возможность переосмысления бизнес-модели своей компании, он всегда должен:

- обеспечить, чтобы их подход был законным, актуальным и последовательным;

- обеспечить активное участие всех уровней компании, чтобы получить всеобъемлющий обзор и избежать возможного сопротивления изменениям;

- пригласить беспристрастного посредника, который может вести дискуссию и бросать вызов участникам;

- оценить то, что уже существует, чтобы решить, стоит ли начинать с нуля или нет;

- решить, кого назначить ответственным за проект, чтобы обеспечить плавный переход при внедрении новых руководящих принципов.

ТЕМАТИЧЕСКОЕ ИССЛЕДОВАНИЕ

В данном исследовании рассматривается неспециализированный книжный магазин, который продает романы, книги по искусству и музыке, учебную и научную литературу.

Он славится качеством своих рекомендаций по литературе, а также большим каталогом школьных и университетских учебников.

Поскольку в последние годы книжный сектор претерпел множество изменений, таких как внедрение онлайн-продаж, книжные магазины становятся все менее загруженными. Кроме того, рассматриваемый магазин сталкивается с жесткой конкуренцией: на небольшой территории расположено несколько книжных магазинов, и каждый из них пытается вырваться вперед за счет диверсификации или специализации. В частности, на рынке школьной литературы появился прямой конкурент. Поэтому магазину пора пересмотреть свою бизнес-модель, чтобы остаться открытым.

Менеджер книжного магазина решает пересмотреть свою бизнес-модель и собирает своих сотрудников (команду по связям с общественностью, бухгалтера, продавцов книг, администраторов и т.д.) для анализа ситуации. Вместе они должны задать ряд вопросов, чтобы заполнить канву и обновить текущую бизнес-модель. Здесь важно отметить, что они могут начать с любого квадрата модели.

 СОВЕТЫ ДЛЯ РУКОВОДИТЕЛЕЙ

Остервальдер предостерегает от некоторых подводных камней:

Не бойтесь слишком смелых идей, вплоть до систематического отказа от них. Хотя они могут порождать больше рисков, они также часто бывают более интересными.

Однако это не означает их одобрения без дальнейшего обдумывания. Например, их можно сначала протестировать, а затем скорректировать и адаптировать, если они окажутся эффективными.

Не начинайте автоматически с нуля, потому что могут быть полезные элементы, которые можно сохранить от предыдущей модели.

Не исключайте определенных членов команды, потому что лучшие идеи часто появляются в процессе обмена.

Не ориентируйтесь только на краткосрочную перспективу. Как и при разработке любой бизнес-модели, взгляд на долгосрочную перспективу ограничивает риски.

Анализ старой бизнес-модели

По мере обсуждения холст заполняется и дает представление о текущем состоянии дел, сильных и слабых сторонах текущей бизнес-модели.

- **Сегменты покупателей. Кто является крупнейшими клиентами книжного магазина? Какие сегменты охвачены? Для кого они создают ценность?** В данном случае основными клиентами являются школы и университеты, которые напрямую направляют своих студентов в этот книжный магазин. Библиотеки и постоянные клиенты — в основном пенсионеры — регулярно посещают магазин, чтобы воспользоваться его рекомендациями.

  - Стабильный рынок: Библиотеки и постоянные клиенты.

- Рынок, который нужно отвоевывать каждый год: университеты.

  - Посещения частных лиц или широкой публики, которые знают название книжного магазина или уже посещали его, и которые приходят один или несколько раз в год, в более или менее случайное время (конкретная книга или заказ, просмотр, подарки и т.д.).

- **Ценностное предложение. В чем заключается дополнительная ценность книжного магазина?**

  - Мудрый совет для постоянных клиентов, общественности и библиотекарей.

  - Непревзойденные цены" для некоторых библиотекарей и для школ или университетов (а значит, косвенно и для студентов).

- **Каналы. Как магазин общается с покупателями? Какие каналы он использует? В** настоящее время используются в основном электронная почта и телефон. С университетами и библиотеками обычно связываются дистанционно, в то время как книготорговцы работают через прямой контакт с покупателями, которые посещают магазин.

- **Отношения с клиентами. Какие отношения поддерживает книжный магазин со своими клиентами?** Он поддерживает доверительные отношения с постоянными клиентами, а также с такими учреждениями, как библиотеки и университеты. В таких отношениях выигрывают все: компания может снизить свои расходы, а библиотеки и университеты приобретают книги по лучшей цене. Отношения с клиентами адаптируются в зависимости от клиента.

- **Потоки доходов. За что платят клиенты? Как они платят?** Товары продаются напрямую: клиенты платят непосредственно у кассы или по счету для библиотек и университетов. Они платят, зная, что получают услуги и консультации, к которым привыкли и которые ценят.

- **Ключевые ресурсы. Каких ключевых ресурсов требует ценностное предложение книжного магазина?**

  ○ Ключевыми ресурсами книжного магазина являются, прежде всего, человеческие ресурсы, особенно в наше время. Покупатели приходят туда, чтобы получить консультацию и поддержать особые отношения с книготорговцем.

  ○ Второй ключевой ресурс – финансовый (отпускные цены и скидки, обсуждаемые поставщиками, которые оказывают особое влияние на продажи университетам и библиотекам).

- **Ключевые виды деятельности. Каковы ключевые виды деятельности, вытекающие из ценностного предложения книжного магазина? Для того чтобы** обеспечить наилучшую цену для университетов и библиотек, менеджер регулярно проводит маркетинговые исследования цен и услуг, предлагаемых конкурентами. Кроме того, качество консультаций зависит от компетентности продавцов книг.

- **Ключевые партнерства. Кто является ключевыми партнерами книжного магазина? С кем он работает? Какие партнеры помогают ему создавать ценность?** Книжный магазин установил надежные отношения с сетью специализированных поставщиков. Их экономическое положение тесно связано: снижение продаж для книжного магазина влечет за собой потерю дохода для поставщиков. Поэтому поставщики составили список заказов, который необходимо регулярно пересматривать, поскольку он не всегда соответствует реальным продажам книжного магазина (излишки книг, которые магазин не успевает продать). Поэтому необходимо найти баланс, тем более что некоторые поставщики "блокируют" заказы, если книжный магазин задерживает платежи (это, конечно, подразумевает уменьшение запасов, что в свою очередь приводит к снижению продаж, создавая порочный круг). Поэтому крайне важно поддерживать доверительные отношения с поставщиками. Дистрибьюторы также играют важную роль, поскольку крайне важно, чтобы книжный магазин соблюдал обещанные сроки доставки. В этом отношении конкуренция жесткая: есть сайты, которые гарантируют доставку в течение двух-трех рабочих дней. Этот момент можно улучшить, поскольку в настоящее время книжный магазин страдает от длительных задержек.

- **Структура затрат. Каковы основные затраты книжного магазина? Какие виды деятельности являются наиболее дорогостоящими?** Книготорговцы выполняют заказы напрямую. Менеджер обрабатывает конкретные запросы от университетов, чтобы заказать большие объемы. Закупочные расходы варьируются, поскольку они зависят от объема заказов и любых скидок, предлагаемых поставщиком: в настоящее время они слишком высоки. Расходы на заработную плату также значительны, поскольку средний возраст сотрудников относительно высок.

Адаптация бизнес-модели

Когда участники, кажется, что все возможно: они просто должны осмелиться задать вопросы, необходимые для обновления бизнес-модели. Они могут начать свои размышления с любой из ячеек на полотне. В идеале они должны убедиться, что инновации представлены для каждой ячейки холста, а затем выбрать наиболее подходящее предложение для данной ситуации.

Таким образом, добавляя, удаляя и перемещая липкие записки с различными идеями каждого сотрудника книжного магазина, модель представляется более объективно, что порождает новые конструктивные синергии.

Основные изменения:

Эта новая версия бизнес-модели ставит клиента в центр своих забот: она стремится оптимизировать ценностное предложение, развивать отношения с клиентами и т.д. Этот последний аспект, который часто упускается из виду или откладывается в сторону компаниями, может разумно направлять стратегический выбор. Новая конфигурация более чутко реагирует на проблемы, стоящие перед книжным магазином, поскольку покупатель, у которого могут быть разные причины для чтения (от лояльного, пожилого покупателя до развития нового сегмента, который моложе и/или больше не ходит в книжный магазин), помещается в центр экономической структуры. Книжному магазину в первую очередь необходимо пересмотреть свои ключевые виды деятельности (чтения, литературные мероприятия, обучение сотрудников), структуру затрат (веб-сайт, расходы на заработную плату), ключевых партнеров (дистрибьюторов, поставщиков, конкурентов), каналы коммуникации (развитие веб-сайта) и т.д.

ОГРАНИЧЕНИЯ И РАСШИРЕНИЯ

ОГРАНИЧЕНИЯ И КРИТИКА

* **Отсутствие внимания к стратегическому аспекту.** Как уже говорилось ранее, BMC игнорирует стратегический аспект бизнеса. Он ставит в центр своего подхода ценностное предложение, предполагая, что главное желание любого бизнеса – зарабатывать деньги. Это важно, если не необходимо, для выживания компаний, но не все они ставят прибыль во главу угла. В частности, это касается некоммерческих ассоциаций. Стратегический подход важен для развития любой компании, и, пренебрегая им, мы рискуем упустить важные сегменты потребителей, которые, возможно, не рассматривали.

* **Не может быть применена ко всем компаниям.** По словам Филиппа Морику (профессора стратегии в ESSCA) в интервью сайту My-Business-Plan.fr, кажется, что BMC легче применить к компаниям с одним видом деятельности, таким как стартапы, чем к многопрофильным организациям. Морику считает, что это связано с простотой матрицы. Действительно, потенциальная синергия между различными видами деятельности может не обязательно вписываться в относительно простые ячейки модели.

* **Невозможность учесть конкуренцию.** Холст бизнес-модели фокусируется на структуре и внутренней работе

компании и не учитывает (или учитывает лишь в очень ограниченной степени) внешние факторы, такие как конкуренция. Однако думать о конкуренции при создании модели важно, поскольку изменения на этом уровне могут оказать на нее прямое влияние, например, потребовать от компании пересмотра целевых показателей. В нашем примере компания хотела пересмотреть свою бизнес-модель из-за растущей конкуренции, которая рисковала повлиять на ее ценностные предложения.

- **Статический анализ.** BMC не учитывает эволюцию изучаемого бизнеса: он позволяет получить представление о ситуации в данный момент времени и поэтому полностью игнорирует долгосрочную перспективу.

СВЯЗАННЫЕ МОДЕЛИ И РАСШИРЕНИЯ

Поскольку "Холст бизнес-модели" имеет некоторые ограничения, в частности, отсутствие стратегического аспекта, стоит рассмотреть возможность сочетания его с другими инструментами, чтобы они могли дополнять друг друга.

Матрица БКГ для определения стратегии

Основанная на четырех типах стратегических областей бизнеса (звезды, вопросительные знаки, дойные коровы и собаки), эта модель может дополнить BMC, которая не учитывает эти реалии, влияющие на стратегический выбор. Идея матрицы БКГ заключается в оценке как рынка продукта, так и перспектив роста продукта на рынке. Компания использует эти параметры для определения приоритетов в своем портфеле продуктов и обеспечения долгосрочного создания стоимости и управления денежными потоками.

Пять сил Портера для победы над конкурентами

Пять сил Портера определяют привлекательность отрасли. Предполагается, что компании стремятся получить конкурентное преимущество, которое измеряется их способностью генерировать прибыль или захватывать ресурсы. Эти пять сил включают: потенциальных участников (тех, кто может выйти на рынок и стать угрозой), продукты-заменители (продукты, находящиеся в прямой конкуренции), клиентов и дистрибьюторов, а также поставщиков (все они обладают переговорной силой).

РЕЗЮМЕ

- Холст бизнес-модели взят из книги *"Генерация бизнес-модели: A Handbook for Visionaries, Game Changers and Challengers*, написанной Александром Остервальдером и Ивом Пинье в 2011 году.

- Это практическая модель, которая очень проста в использовании и имеет прямое применение. Она затрагивает все уровни иерархии компании, но больше подходит для стартапов, чем для крупных предприятий.

- Матрица основана на ценностном предложении, предоставляемом клиентам. Девять блоков, составляющих матрицу, накладываются друг на друга, и бизнес-модель разрабатывается с использованием синергии, созданной между ними:

  - основные мероприятия

  - ключевые партнерства

  - основные ресурсы

  - клиентские сегменты

  - каналы

  - взаимоотношения с клиентами

  - ценностное предложение

  - структура затрат

  - потоки доходов.

- Использование липких записок стимулирует творческий подход, поскольку их можно свободно перемещать во время семинара. Это вовлекает различных участников, которые размышляют о создании стоимости компании. Цель – осознать различные меры, которые необходимо принять для реализации конкретного и непосредственно применимого плана.

- Авторы дают несколько важных рекомендаций: обеспечить легитимность процесса, сделать акцент на обзоре модели, рассмотреть возможность привлечения посредника для ведения дискуссий, провести оценку текущей ситуации и определить людей, ответственных за реализацию проекта.

- Как мы видели на конкретном примере книжного магазина, отношения с клиентами и ценностные предложения являются основополагающими в этой канве. Однако авторы предупреждают руководителей предприятий не бояться быть слишком изобретательными, привлекать как можно больше людей к разработке ВМС и брать за отправную точку то, что они уже знают, а не начинать все с нуля, так как это может привести к серьезным проблемам с согласованностью.

- Тем не менее, этот инструмент имеет некоторые ограничения, например, он не охватывает стратегические и конкурентные аспекты. Использование этого инструмента наряду с бизнес-планом позволит не упустить ни одной детали.

ДАЛЬНЕЙШЕЕ ЧТЕНИЕ

БИБЛИОГРАФИЯ

Créativité.net (2016) *Business Model – Nouvelle Génération: Un guide pour visionnaires, révolutionnaires et challengers d'Alexander Osterwalder et d'Yves Pigneur.* [Online]. [Accessed 20 July 2015]. Available from: <http://www.creativite.net/business-model-nouvelle-generation-alexander-osterwalder-yves-pigneur/>.

Котлер, П., Келлер, К. и Мансо, Д. (2012) *Управление маркетингом.* 14-е издание. Париж: Pearson.

Менен-Уриен, Г. (2012) 2013, коммерческое действие – совет 6 : apportez de la valeur ajoutée! *Le Blog du Manager commercial.* [Online]. [Accessed 20 July 2015]. Доступно по адресу: <http://www.management-commercial.fr/2012/12/21/2013-quelle-action-commerciale-apportez-de-la-valeur-ajoutee/>.

My-Business-Plan.fr (2013) *Philippe Mouricou vous dit tout sur le Business Model Nouvelle Génération.* [Online] [Accessed 8 July 2015]. Доступно по адресу: <http://www.my-business-plan.fr/interview-philippe-mouricou-business-model>.

Остервальдер, А. и Пиньер, Й. (2010) *Генерация бизнес-модели: Руководство для визионеров, сменщиков игры и бросивших вызов.* Хобокен, Нью-Джерси: John Wiley & Sons.

UCM (2016) *Le Business Model Canvas. Un outil stratégique pour l'entreprise.* [Online]. [Accessed 8 July 2015]. Доступно по адресу: <http://www.ucm.be/Entreprendre/Le-Business-Model-Canvas-Un-outil-strategique-pour-l-entreprise>.

Университет Лозанны (2016) Ив Пиньер. *Факультет высших коммерческих исследований.* [Online]. [Accessed 20 July 2015]. Доступно по адресу: <https://hec.unil.ch/people/ypigneur>.

ДОПОЛНИТЕЛЬНЫЕ ИСТОЧНИКИ

Веб-сайт Business Model Canvas: http://www.businessmodelgeneration.com/canvas/bmc

Сайт Александра Остервальдера: http://alexosterwalder.com/

ВИДЕО

Бизнес-модель Canvas Explained. (2011) [Видео]. Доступно по адресу: < https://youtu.be/QoAOzMTLP5s>.

Остервальдер объясняет "Холст бизнес-модели". (2012) [Видео]. Доступно по адресу: <https://www.youtube.com/watch?v=RzkdJiax6Tw>.

IMPROVE YOUR GENERAL KNOWLEDGE
IN THE BLINK OF AN EYE!

www.50minutes.com

Издательство гарантирует достоверность опубликованной информации,
что, однако, не может повлечь за собой его ответственность.

Мастер ISBN: 9782808601412
Бумажный ISBN: 9782808602860
Легальный депозит: D/2022/12603/287

Цифровое оформление: Primento,
цифровой партнер издателей.